AF283158

Susana Diez de la Cortina Montemayor

Migraciones

PAPELES DE TRASMOZ
La Casa del Poeta
Olifante. Ediciones de Poesía

Colección PAPELES DE TRASMOZ
Fundada en 2007 por Marcelo Reyes y Trinidad Ruiz Marcellán

*Edición conmemorativa del XLV Aniversario
de la creación de OLIFANTE. Ediciones de Poesía*

Migraciones
SUSANA DIEZ DE LA CORTINA MONTEMAYOR

Este libro se ha editado con ayuda del
Departamento de Educación, Cultura y Deporte
del Gobierno de Aragón.

Editado por OLIFANTE. EDICIONES DE POESÍA
Diseño de la colección: Vicente Pascual
© De la presente edición: Olifante. Ediciones de Poesía
© Susana Diez de la Cortina Montemayor
© Fotografía: Jaco Liuva
Reservados todos los derechos

I.S.B.N.: 978-84-127338-6-0
Depósito Legal: Z 37-2024

Impreso en España por COMETA, S.A.
Printed in Spain

Migraciones

Susana Diez de la Cortina Montemayor

Susana Diez de la Cortina Montemayor, por Jaco Liuva

1. Alas

1. VUELO

No estar ya aquí
ni haber aún llegado.
El cambio es el lugar,
y no pretendo
estar en otro sitio
que en mi vuelo.

**

El cuerpo a ti entregado
(piel, corazón, cerebro)
se desgajó del tuyo una noche de invierno.
Remolinos helados lo azotaron con furia,
mas consiguió sentir
placer,
amar incluso,
pensar
no en ti,
sino en lo que no eras,
como si tú ya no estuvieses

bajo el techo nostálgico del cielo:
separado de ti,
siguió viviendo.

El alma que albergaban tus pupilas
aborreció a ese cuerpo,
y eligió para sí
el camino de toda soledad.
El origen solo era
un punto diminuto
en los campos de luz.

Después, siempre tinieblas,
nunca más di mi sombra.
Cegada a lo invisible
dije: «no tengo alma»,
dije: «el alma no existe,
tengo piel, tengo seso, corazón,
alma no».

Sin embargo, una garza
la halló, desfallecida,
sin rumbo por el éter
de los limpios recuerdos:
«me he perdido, migré y no sé volver».
La recogió,
liviana como pluma
desasida,
y la llevó consigo.

Viajo así, desde entonces,
prendida por el pico de una garza
que se compadeció de mi tristeza,
que se compadeció de mi soberbia,
que se compadeció de la fiereza
de mi cruel voluntad.

Mi casa está en la noche de tus ojos,
y una garza me lleva de regreso.

2. CIELO

Aire en el aire,
pasión sin posesión,
fuego en el fuego.

                    Fuego en el aire,
                    pasión de posesión,
                    aire en el fuego.

**

Abrazados, con frío, mirábamos el cielo,
lugar sin esperanza, espacio ilimitado
donde hay que desasirse para poder volar.

Cuando todo está dicho, el cielo es el silencio
azul del infinito, lo inesperado, el vértigo
de amarnos sin esfuerzo, pero tan hondamente
que es océano de aire donde al fin nos ahogamos.

Asustados, aún juntos frente al cielo profundo,
atragantados de mirar estrellas,
nos apretamos más, imán y acero,
todavía agarrados, resistiendo.

Cómo decirte, antes de la partida,
que es solo rabia el miedo de perderte,
cómo mostrarte el íntimo desgarro,
el atroz descosido de mi alma.

No hay sangre para herida tan inmensa
ni cielo que tapone esta hemorragia
de migrar y apurar la despedida.

3 VIAJE

Tu viaje no coincide con el mío
porque es gregario, pero tu bandada
descansará en los mismos dormideros,
con las hembras cercando el territorio:
todos se necesitan y se ayudan,
vuelan juntos, se cuidan y vigilan,
rezagarse es morir. Tú no te vuelvas,
no busques, no hace falta, ya lo sabes:
en el cielo una garza vuela sola.

**

Vamos en busca de la luz y el agua,
hacia las condiciones favorables,
somos pura energía, ímpetu puro,
impulso a la aventura de aprender.

Atrás quedan las tierras ateridas del hambre
de toda nuestra estirpe de cantores tatuados,
chamanes caprichosos, ancianos invidentes
que hablan con los espíritus de los antepasados,
madres en connivencia con el dolor del hijo,
atrás la poderosa fuerza que nos unía.

La esperanza es la larga sucesión de los besos
sobre el fino horizonte del deseo, a lo lejos;
la sustancia sagrada de nuestro amor se vierte
en rutas imprevistas y mágicas auroras.

No nos asusta el mar, la ardiente carretera.
Vamos hacia la vida porque no estamos muertos.

4. VENTAJA

Volar en formación es favorable,
la hendidura del aire es más profunda
cuando el cuchillo de las alas taja
el horizonte: el ritmo del avance se acelera.
Somos la flecha, y en la punta, a turnos,
(pues el primero es el que más se expone)
desafiamos al viento.
La ventaja es un ángulo constante.

**

No te detengas, sigue hacia adelante,
ni un minuto pospongas tu progreso:
sobrepásame al fin, y vete lejos.

5. PÁRAMOS

Sin resistencia,
las alas se deslizan en la corriente de aire,
suman la fuerza propia a la que las empuja,
la humedad de las nubes va afilando las plumas
sin llegar a empaparlas,
y así
me lleva lejos;
va rumbo al noroeste,
llegará hasta el Poniente
por un camino largo
y angustioso,
pues nunca acaba el páramo
ahí abajo.

Todo es nieve, desierto, incendio, océano.

**

La razón de este frío no resuena en las notas
   que se ocultan,
cual música aterida, en las hierbas que crujen
   bajo el hielo;
la razón de este frío no es el llanto escarchado
   de la noche,
sino la falta del aliento tibio que abrigaba el
   embozo de tus sábanas.
La razón de este frío no la busques en la voz
   gélida de la madrugada,
sino en el solar yermo de los páramos que
   tanta soledad dejó arrasados.

6. TRÁNSITO

Kilómetros de alas;
a millares
las patas
en las praderas;
caudalosas aletas, ancas, remos
y timones por mares y por ríos;
infinitas columnas de plancton
verticales en viaje al mediodía;
océanos de arenques,
y tantas millas
de retráctiles cuellos
arrastrando
lentos caparazones
o flotando
por los cielos, las aguas y las tierras
mensurables,
atravesando
por lo que queda quieto,
lo ordenado, lo estable y permanente,

huyendo
de la muerte instalada en lo inmutable.

**

Creí que me adentraba en campo abierto
y resultó que entré en jardín ajeno.
No ponía *prohibido* en ningún sitio,
pero al fin lo entendí: no estaba allí.

No estaba allí mi alma,
no estaba allí mi cielo,
porque yo no debía estar allí.

Debí marcharme entonces, tras decir
mis sinceras razones, que no excusas,
pero temblaba el árbol que adoraba
y mi amor lo abrazó. No estuve allí.

En tránsito mi alma,
en tránsito, mi cielo.
Fue el amor, que no yo, el que estuvo allí.

7. IMPEDIMENTA

¡Oh cristalina fuente!
¡Si en esos tus semblantes plateados
formases de repente
los ojos deseados
que tengo en mis entrañas dibujados…

San Juan de la Cruz, *Cántico.*

Nada lleva consigo.
Ella es la carta
que te envío. En sus alas
van impresos mis ojos.

Migra en la mariposa
mi mirada,
copia de tu figura
en mis entrañas,
y esa es su impedimenta,
la pupila
donde quedó tu alma dibujada.

**

Tener, tienes la vida
que salvar,
ninguna pertenencia que te pese
te ayudará a escapar volando. Tienes
solo algunos minutos para irte.

Lo peor no es que falten mantas, botas,
que el biberón quedara en la cocina
junto con los pañales
del pequeño aún sin dientes.
En el tumulto,
lo difícil no es dejar ahí lo que tienes;
sino tener que huir
y no tener
más que dos manos
cuando tienes
tres hijos.

8. IMPASIBILIDAD

La hoja, amando, se hace flor; la flor,
adorando, se hace fruto.

Rabindranath Tagore

Ya es templada la brisa, suena el río,
ha llegado el momento de partir.
Llevamos solo el fuego, por vivir
contra toda ceguera y todo frío,

tenue calor en nuestro pecho umbrío,
brillo en los ojos, luz sin extinguir
aventando las almas, para ir
de la flor hasta el fruto del estío:

pues si la flor se abre cuando ama,
el amor se hace fruto cuando adora,
y la vida alimento le reclama.

Impasibles a cuanto atarnos trama,
partiremos sin falta con la aurora.
Nuestra meta no es otra que la llama.

**

Me miraste los pies,
y no la cara,
–mis pies de caminante
y campesina,
magullados y sucios–
con desdén.

Me miraste las uñas
resquebrajadas,
la piel endurecida
de los dedos,
su descuido visible
en las sandalias.
Pero jamás podrás con tu desprecio
apartar a mis pies de su camino.

2. Alimento

1. BENDICIÓN

Besar el pan
para poder comerlo.

Agradecer la vista
antes de verte.

Volver como las vacas al establo,
con su arroyo de leche, lento, adentro.

Amar después de ser,
dando las gracias.

Besarte igual que al pan,
como alimento.

**

Dame,
para mi viaje,
el soplo fértil
de tu palabra
buena.

Toca,
con mano suave,
la frente gacha
de mi apenado
rostro.

Mira,
desde la puerta,
perderse lejos
mis vacilantes
pasos.

Piensa,
para esperarme:
no todos mueren
atravesando
mares.

Guarda,
para mi vuelta,
aun si es la última,
una sonrisa,
madre.

2. ANZUELO

Era una buena trucha y resbalaba
por el largo pescuezo de la garza,
que ignora que ahora tiene en el estómago
el anzuelo que el pez picó primero.
Rompió el sedal y anduvo moribunda
por las aguas fangosas. Agradece
morir al fin con dignidad, tragada,
para ser alimento de la Vida.

**

Con indolencia dejas
la mano en el mantel,
suavemente ahuecada,
y el vello de su dorso
es el anzuelo
en el que siempre pico.

Mis dedos lo acarician
apenas con un roce
voluptuoso, y entonces
tú los inmovilizas,
atrapándolos,
para llevar mi palma
hasta tu boca.

3. PECES

Soportará el dolor
derramando en el agua un torrente de
    lágrimas,
y entrecortadamente suspirando,
verá sobre el espejo de las charcas
tantos cuerpos de plata, rutilantes,
como brasas lunares,
rígidos, fríos, inertes,
a millares:
no hay Tiempo
si se acaba
el tiempo
de los peces.

Sufrirá todavía,
en las paradas
de un humedal a otro,
muchas veces:
no hay Vida

sin la vida
sagrada
de los peces.

La tristeza es más larga que las vidas segadas.
El hambre se soporta más fácil que el dolor.
La pena dura más que el tiempo de los peces.

**

Tus ancestros te dicen que hubo un árbol
soñado, llamado Gaokerena.
En su visión, el Sabio contempló
las siete ramas que presagiaban todas
las edades del hombre:
la de oro, la de plata, la de cobre,
la de latón, de plomo, la de acero,
y la de hierro impuro. En ese árbol
las semillas del mundo prometían
vida y resurrección de cuantos seres
poblarían la tierra. Pero el Mal envió
un venenoso

sapo que lo invadiese y destruyera,
para impedir así que sus semillas
poblaran este mundo
de árboles frondosos y de Vida.
El Bien mandó a su vez dos peces mágicos
para que vigilaran y alejaran
al sapo. Desde entonces
mantienen los dos peces su mirada
fijamente sobre el letal batracio.

Esos dos peces mágicos, mirando,
quitan o dan la vida.

Como dos pececillos son tus ojos,
nadando en otros mares,
nadando en otros ríos,
nadando en otras fuentes,
nadando en unas aguas
donde yo nunca encuentro su reflejo.

4. NIEVE

No la bebas,
no es agua, sino plástico
líquido, atomizado, congelado.

**

Mi amor no está en lo blanco
inmaculado
sino bajo la nieve,
un humus cálido
bajo la costra helada
fermentando.

5. EBRIEDAD

A la Garza Borracha,
cuyo nombre científico
es *Egretta Rufescens*,
no le gustan las bayas
que fermentan y tienen
el etílico don,
tan propio de la Tierra,
de ejercer atracción
gravitatoriamente
y hacer caer al suelo
lo que vuela. La garza,
con su baile beodo,
despista peces tímidos
en la nutricia ciénaga.
Tierra adentro, zorzales
y pinzones se estrellan
incomprensiblemente
en muros y ventanas,
mirlos en vuelo chocan
hiriéndose entre ellos,

y otras aves caen muertas,
cuando comen de árboles
cuyos frutos agriados
no pueden permitirse
rechazar, pues el hambre
desaconseja todos
los humanos melindres
acerca de las grasas
o de los carbohidratos,
los pánfilos escrúpulos
y estúpidos remilgos
que rechazan azúcar
y pulpa, pero aprecian
el amargo sabor
podrido de lo alcohólico,
la embriaguez y la risa
de estar desternillándose
frente al televisor,
viendo documentales
sobre el cómico efecto
del hambre de los pájaros.

**

Si no tuviera el miedo
vueltos muy hacia dentro los dos ojos,
la alegría de hallarnos correría
como un vino chispeante de frescura
a llenar nuestras bocas;
nos emborracharíamos
con nuestro amor de antes y de ahora,
con nuestro amor de niños y de viejos,
con nuestro amor de líquido y de espuma
que fluyó con el tiempo y sobre el tiempo.
Si no se resistiera nuestra dicha
con el pudor que mira en las entrañas
avergonzadamente al propio niño
humillado y herido,
si no hubiera
tales ojos ni tal pudor,
nosotros,
de irreflexivos besos embriagados,
seríamos ahora tan felices
que daríamos temor, sonrojo,
ganas.

6. COMENSALISMO

Sobre las vacas
se solazan las garzas
comiendo moscas.

> Uno al borde del otro,
> hacia el otro asomados,
> evitando lo abrupto
> de todo precipicio,
> viajábamos, unidos.
> Porque no te molesto
> me toleras,
> por mi necesidad
> te crees valioso.
> Mas la verdad es otra:
> no te acompaño yo,
> sino mi hambre.

**

Bebe en mi boca, amor, come en mi mano,
que tu alimento salga de mi cuerpo,
que sean tus labios sobre mi piel ventosa,
pegado a mí te quiero, cual parásito
que sin huésped fallece, y que lo sabe.

7. HAMBRE

Las alas de la garza resplandecen
blancas contra el atardecer azul violáceo,
pero negra es su sombra en los trigales.

Por encima del oro en las espigas
veo deslizarse oscuramente su hambre.

**

Pensando en ti descorcho un nuevo día,
la vida escapa en el tropel carbónico
de un gas burbujeante,
el de este amor de vino y platos rotos,
de ampollas en las manos,
pompas bajo la piel llenas de lágrimas
que hay que pinchar, y que el dolor rebose
sin llegar a los ojos, faros tenues
con los que iluminar las recogidas
de nocturnas escobas,
y otra vez la terrible madrugada

de sueños angustiosos con vajilla
que nunca es suficiente, que no alcanza
a contener el hambre de quererte
y no tener un plato que entregarte.

8. LACRIFAGIA

Una tortuga
brinda a las mariposas
perlas de lágrimas.

**

Sentado en el jardín, piensa y espera.
Se ha levantado un viento en remolinos,
comienzan ya a caer algunas gotas.
Gira hacia arriba la cabeza y abre,
la boca, para beberse todas
las lágrimas del mundo.

Sentado en el jardín, piensa y espera.
Se ha levantado un viento en remolinos,
comienzan ya a caer algunas gotas.
Gira hacia arriba la cabeza y abre,
la boca, para beberte todas
las lágrimas del mundo.

3. Aliento

1. EXPOLIO

La grulla, grave e inmóvil, permanecía de pie en el estero del bosque de mangles. Fue en este momento cuando la ladrona se acercó a coger el sueño de los ojos del niño y se lo llevó volando.

Rabindranath Tagore

Cruzando el Pirineo,
en Gallocanta,
de las dehesas
a los dormideros,
su invernal vuelo, al atardecer,
es presagio de invierno.

Vino a llevarse el sueño de los niños
la grulla vengativa,
pues los agricultores la persiguen
por comerse los frutos, semillas y raíces
de los sembrados.

Hoy ya solo los niños ricos sueñan;
para los pobres queda únicamente
el tamo de centeno,
que a las grullas disputan,
y que les ha costado
el sueño.

**

Talaron nuestros árboles.
Asfaltaron.
Ancha es la carretera
que construyeron
dividiendo las tierras
de nuestros padres.
Dijeron que por esa carretera
llegaría el progreso.
Nos expoliaron.
Ancha es la carretera
por la que huimos
de las tierras partidas.
Nos expulsaron.

2. CACERÍA

En el rugido que en su garganta acalla
se esconde la fiereza de su ira.
Presta a saltar, contiene la impulsiva
verdad desgarradora de su naturaleza,
hembra capaz de amar a sus cachorros
y al macho al que somete su deseo,
pero zarpa enemiga si no evita
el rumor impetuoso de la sangre
con zancadas de jaula, circulares.

Todas tienen derecho a vivir. Piensa
en sus celos, que nutren la manada
del hirviente deseo de la vida
y seleccionan la melena intensa,
la poderosa garra,
con bondad generosa, en esa entrega
de cópulas y partos y lactancia.
Sabe que cuidarán a sus cachorros
como cuida a su vez los de las otras.

Pero aquella que come los despojos
provistos por un macho solitario,
la que roba pedazos de la carne
que no ha cazado ella, la que muerde
ronroneando, sin celo, juguetona,
el cuello del que sabe fue expulsado
por sus hermanas, aquel al que domina
por el solo deseo insatisfecho, esa
será la que muy pronto despedace
la furiosa leona cazadora.

**

Los árboles lo saben.
Era un hombre indefenso.
Oscuros embozados
con capas, en un claro
del bosque lo abatieron.

Que murió allí, desnudo,
lo saben las luciérnagas,
y los grillos lo saben,
porque ya nadie brilla,
ni canta, salvo ellos.

3. AVENTURA

Roscadas en el nidal
esperan una señal
para extender todo el mal
migrando en forma radial.

**

Amarás al que baje a los infiernos
y sea capaz de traer, de allí, una flor.
Recia tendrá la barba, espesas cejas,
el pelo recogido en la batalla,
suelto, rizado y largo para el amor:
la majestad está en su cabellera.

—Mi amada es dulce y sabia,
siente con la paciencia
de la pasión oculta,
protegida,
que arde en su corazón.
Me esperó muchos años.
¿Qué podía ofrecerle?

Solo un largo periplo de pruebas sin ganancia.
Ya es hora de que vuelva.
Dame, Sabio, para ella
la hierba de la eterna juventud.

—En las profundidades de las aguas
hay una planta que es como el cambrón,
retorcida, espinosa.
Átate grandes piedras a los pies
que te arrastren al fondo;
si logras arrancarla
de la Sima del Tiempo,
desgarrará tus manos
con sus fuertes espinas,
pero inmortal serás
cuando la comas.

—Iré, pues son las piedras y no el miedo
lastre de los valientes,
los héroes no se arredran frente a los sufrimientos
si el dolor es el precio de vencer a la muerte.

Una visión anuncia a la mujer
que su hombre ha bajado a los infiernos
para morir o amar,
para traerle la *Planta-del-latido-del-corazón*
o pagar al océano con el suyo.
Siente con un escalofrío las heridas
que desgarran las manos de su amado,
su sangre sin oxígeno, el cerebro
oprimido por la presión del agua.
Más tarde, con angustia, ve en la hierba
la piel que ha abandonado una serpiente,
e implora, estremecida por un pálpito:
«viejo, herido, sin fuerzas, sus cabellos
sin lustre, ¡no me importa,
pero que vuelva a mí,
lo quiero vivo!»,
y angustiada solloza sin saber
que él está ya detrás de las murallas.

Cuando cruce las altas murallas de la ciudad
    de los amplios mercados,
donde mi amada aguarda mi regreso,
comeremos la planta que ahora nombro
como El-hombre-se-hace-joven-en-la-senectud.

Y pensando estas cosas bajó a lavar su trenza
    en una poza
para soltarse el pelo ante la amada,
y a quitarse la sangre de las manos,
el polvo del camino.

Mientras él se bañaba, una serpiente
olfateó la planta y, atraída
por su fragancia, salió rauda del agua
con las fauces abiertas, y la tragó.
Al retirarse, el sol resplandecía
sobre su tersa piel recién mudada.

4. NIDO

Si fuera un árbol,
tendría que ser un tilo.
Como soy una garza migradora,
sé apreciar una copa bien dispuesta,
esa que cualquier ave necesita
para hacerse su nido.

**

Está girando la veleta. El tiempo,
torbellino endiablado, no se cansa
de pasar, y pasando, en su trasiego
voltea los férreos rumbos definidos.

Hostigador de toda calma, atenta
contra la gris quietud de los tejados.
El tiempo, amor, me arrebató con fuerza,
por más que me aferré, de nuestra casa.

La intemperie me entrega a algún alero
que cubra las tormentas de la vida
aquí o allá. Atrás quedó la sólida
construcción que hoy solo habla con la muerte.

Ahora sé que una choza es suficiente
y que no dura siempre ningún nido.
Las nubes que transportan nuestros sueños
no atienden al gobierno de veletas.

5. CORTEJO

Te quiero dar el aire, no la rama:
ningún apoyo firme quiero darte.
Amor sin resistencia, como de hoja
bailando en voluptuosos remolinos.
Te quiero dar la voz y no mi boca,
la caricia sin mano que sujete,
el beso de agua, haciéndose en tus labios,
por comisuras francas derramándose.
¡Ay, amor, si pudiera, como el aire,
dar caricia y sonido y agua y beso!

**

Te dije que te quería
y no me prestaste oídos.
Por eso guardo silencio,
pero te quiero lo mismo.

Copla del amor callado,
cortejo de amante tímido:
si me hablas, bajo los ojos,
te miro cuando te has ido.

6. PRECAUCIÓN

Prudencia, discreción, comedimiento,
cautela, sensatez, moderación,
tacto, circunspección, discernimiento,
sabiduría, aplomo, parsimonia:

parsimonia en el batir de alas,
parsimonia en el deslizamiento,
parsimonia en el ritmo de los pasos.

Sin detenerse, para poder llegar,
hay que saber vivir con parsimonia.

**

Una gasolinera y, más allá,
un coche abandonado en el arcén.
Hay un zapato suelto en la cuneta
con la suela hacia arriba,
escarabajo
sin apéndice humano.

Piso el pedal con rabia,
enamorada
de lo que dejo atrás,
de quien me alejo.
RIESGO EXTREMO DE INCENDIOS.
Y acelero.

7. DESEO

De soledad cernidas,
las alas de la garza
se desperezan.

**

Las caricias se adueñan de mis manos.
Van hacia ti sabiéndose el camino,
con innata cadencia y parsimonia:
nada se precipita, ni nada se detiene.
El movimiento se resuelve solo,
y mis manos son hilos que conducen
hacia ti todo el amor del mundo.

8. SUEÑOS

Con la brisa fugaz
de la mañana
se desvanece el sueño
de las rosas.

**

¿Tendrán las rosas miedo de sus sueños
o soñarán tranquilas con ser rosas?

¿Es tan bello ser rosa
como soñar ser rosa?

¿Todas las rosas del rosal son rosas
o simplemente sueñan que lo son?

¿Alguien que no fue rosa
pudo soñar ser rosa?

¿Es más bello soñarse
rosa que simple flor?

El amor es la rosa que florece de noche
cuando cierras los ojos y sueña el corazón.

Nuestro amor fue la rosa nocturna de tus
    sueños.

Y la flor que soñó con ser tu rosa
despertó siendo rosa y no tu flor.

4. Alma

1. ESPEJO

De entre las hojas
brotan las flores secas:
jardín de letras.

**

El espejo era un mundo donde podía mirarte
dormir;
estábamos muy juntos,
refugiados cada uno en la sombra del otro;
andando, penetrábamos
en lo abierto e intacto,
como cristal de azogue
sin reflejos,
la inmensidad del mundo y sus palacios
abiertos para el baile de nuestros pensamientos,
los ojos en los ojos,
las manos en las manos.

Parecía intocable aquel mundo en silencio,
y entraron las palabras,
letras sobre la blanca
mortaja de los párpados
mudos, lisos, del tiempo.

Cada noche una rosa florecía
en alguno de aquellos paraísos
de espejeantes salones
y cercados jardines,
y tú me la ofrecías
al volver de tus sueños.

Sí, parecía intocable,
impasible a los años
de ausencia,
hasta que nombré el miedo con palabras
    prohibidas.
Las sombras que dejamos allí se nos cubrieron
de rosas no entregadas,
y ya no caminamos ni dormimos

uno al lado del otro,
sino en dos universos paralelos,
por un cristal partidos.

Y estamos frente a frente, desunidos,
ojos callados,
manos sangrando rosas,
y mirándonos
con el mercurio de nuestro amor intacto.

2. VÁSTAGOS

Picos, plumas, narinas
donde reside el órgano que capta
el magnetismo de la tierra,
pies palmeados, pezuñas,
patas con garras,
zancos,
sangre fría
o caliente,
nada más llevan
para tan largo viaje.

El nido se lo habrá llevado el viento,
no ahorrarán a sus vástagos
el trabajo de volver a construirlo.
El impulso del viaje es algo innato,
pero la ruta tienen que enseñársela.

**

Naciste grande y siempre
has sido tú el más fuerte,
pero ahora tienes miedo:
frente a ti ves a un joven
que levanta una maza
como la que blandiste en otros tiempos
para dar muerte al elefante blanco,
y sientes, de repente,
el peso de los años
y de tantas batallas.
¿Acaso ha de ser esta la última?
Hinchas el pecho: ¡No!
Todavía eres útil a tu rey,
todavía tu brazo te dará un nuevo triunfo.

Es de muerte la herida,
el joven cae a tierra,
y le quitas el yelmo
que oculta apenas un mentón lampiño:
«Soy tu hijo Sobrah,
mas no me llores, padre,

sino perdóname,
pues sin saber quién eras
me dispuse a matarte
desoyendo la voz secreta de la sangre».

No puede haber dos héroes
iguales bajo el cielo,
teníais que batiros
a vida o muerte. Tiras
sobre la arena roja de la sangre
la maza que ha matado
a tu único hijo bienamado,
pero, antes que tu brazo, lo mató
la herencia de tu ejemplo,
pues quiso ser lo mismo que tú eras.

3. REFLEJOS

Vimos pasar las sombras a nuestros pies,
volando,
vimos pasar las ánimas oscuras
aleteando.

**

El hombre del reflejo me ha traído un regalo
    de la Sima del Tiempo
y lo oculta enrollado en un periódico mientras
    me habla, muy serio, de su amor.

El mundo es una casa que jamás terminó de
    construirme,
y para compensarme
me envía una libélula a través del océano,
que migra, igual que yo, por no morir,
y no recuerda ni una
de las dulces palabras que le dijo para mí el
    hombre del reflejo.

Le amo con el temor de que despierte y de
    verle llorar.
Dormido, llora siempre. Mientras duerme
    recojo la tristeza
que destilan los surcos de sus ojos, opacos a
    los míos.

Se alimenta del sueño blanco de las flores que
    brotan en la luna,
y yo opto por el hambre: consumo solo
    lágrimas y lluvia,
mi sed podría contener varios océanos de
    libélulas desmemoriadas.

Largo tiempo hibernamos para
    autoalimentarnos:
yo bebía sus lágrimas, él mascaba mis sueños.

Sé lo que me ha traído y tiene oculto en el
    pliego enrollado,
y no puedo aceptarlo:
todo el tiempo pasado quiere darme. Es
    demasiado caro ese regalo.

4. RECUERDOS

Tu nombre terminaba con un largo susurro,
el mismo que transita entre los abedules,
era un chocar de piedras o picos que imitaban
las cigüeñas y el hondo ulular de los búhos.

Y yo, que era la única que sabía pronunciarlo,
lo dejé sepultado para siempre en mi pecho:
nadie puede nombrarte, pues mi amor fue
    la tumba
del hálito vital que expelían sus sílabas.

Y cegué los brocales de las hondas pupilas
oscuras, dilatadas bajo las dos guadañas
de tus cejas que amé, que odié, sin esperanza
de salvar de su filo hogar, futuro, hijos.

Pues en ti aborrecí todo lo aborrecible,
las palabras de cólera en una lengua atávica,
tus ausencias en busca de lo que nos mataba,
los terrores nocturnos tras el amor y éxtasis.

Me he callado tu nombre para poder
    quedármelo.
Lo protegí de todo cuanto lo amenazase.
Me aborrecí, implorando tu perdón, en silencio,
pero tu nombre aún mueve la música en el alma
de este viejo instrumento que soy, donde
    resuenas.

**

Era de flores la horquilla
que tú me diste, Manuel,
cuando yo era una chiquilla:
no hay presente como aquel.

¡Tantos años han pasado!
Si nos volvemos a ver,
Manuel, tráeme de regalo
pañuelitos de papel.

Pañuelos de celulosa,
Manuel, tendrás que traer,
para tu niña llorosa,
que no olvidó aquel querer.

Pañuelos para decirnos
adiós otra vez, Manuel,
que ni tú aciertas a amarme
ni yo te podré querer.

5. ODIO

No entiendo los graznidos exultantes,
los picotazos de la bandada en masa
contra los pajarillos que rebuscan
las migajas de las escasas sobras
que preferís se pudran bajo el sol
antes que alimentar a los intrusos.

Entiendo el hambre, el miedo por los huevos
tan frágiles y expuestos en los nidos,
pero no la crecida escandalosa
del común aleteo, la agresiva
defensa de lo que es innecesario.

Mi patria ya no está en vuestras marismas.
Migro porque no entiendo vuestro odio.

**

No mascará mi hambre
los panes que le ofrecen
vuestras sonrisas sucias.
Contra esa tentación
he empeñado mis dientes,
pero la voz de mi garganta es libre
para gritaros Paz,
y no está en venta.

6. ESFERAS

En un círculo azul, dentro de un círculo
está girando mi alma. Los contornos
celestes de la esfera la apaciguan
y alejan de mi cuerpo enardecido.
La sutil curvatura se ha cerrado
dejando fuera todo lo existente.
El silencio sin tiempo resplandece
en la perfecta calma de tu iris,
donde mi alma, eternamente, sueña.

**

Las almas son estrellas tras nubes inflamadas,
en ellas canta todo lo que queda escondido,
como el río profundo en el que ambos hundimos
el fanal transparente de nuestra frágil llama.

En busca del sentido del fuego, incineramos
alboradas futuras. La tristeza fue exacta
como una cifra. El sueño
nos ciñó su corona de rojas amapolas.

Tú temías volver atravesando el cerco
incendiado de luz. La esfera se cerró y
   quedaste fuera.

Mañana, o quizá nunca, por la senda del
   viento
volverás
a soplar en el fanal hundido
una brasa minúscula,
que prenda con su chispa
la cabellera ardiente de la tarde.

El fuego encenderá nuestra memoria
abrasada y cubierta de cenizas
de los años perdidos, que quemamos
para evitar el frío de la ausencia,
y brillará, por último, el sentido
de todo lo que, ardiendo, oculto, suena.

7. PENA

Era largo y dulzón,
un alimento
enterrado en el limo de la ciénaga.

Pensó en el cielo azul,
pensó en los viajes
del agua
en nubes, ríos,
hasta anegar las pozas y las charcas
y pudrirse
donde hacer subsistir las sanguijuelas.

Pensó en las plumas nuevas, en los nidos,
y se tragó el gusano de la pena.

**

Entro en el mar
para poder llorarte,
sin que lo advierta nadie,
bajo el agua.

8. VIDA

Desde el Lago Sagrado,
cerca de las estrellas,
debajo del Gran Cielo,
vienen por las llanuras
de las taigas heladas
los pastores de renos,
los Tsaatan, hermanos
nuestros, recios igual
que nuestras cornamentas,
que inclinamos, soberbios,
solo para beber
del Lago Madre,
mientras en nuestras grupas
van cantando:

Buena es la Vida
que a lomos de los renos
sigue su trecho.

Buena es la Vida
que desliza su canto
como entre plumas.

Buena es la Vida
que mantiene la llama
de nuestro origen.

Buena es la Vida
que convierte en deseo
la llama viva.

Buena es la Vida
que hace arder a los cuerpos
con ese fuego.

Buena es la Vida
que la energía sagrada
lleva a los lechos.

Buena es la Vida
que en su fanal protegen
gentes del reno.

**

Llora, corazón, a solas.
Tiñe, en silencio, tu llanto
las amapolas.

Siente, corazón doliente.
Desde la aurora a la noche,
siempre sonriente.

Calla, corazón, penando.
Así, acallando las penas,
se irán volando.

Canta, corazón, y sueña.
Vive en tus sueños pequeños
la vida buena.

ALGUNAS LÍNEAS SOBRE *MIGRACIONES*

Migraciones, con el que su autora cumple cuarenta años de dedicación a la poesía, es un libro de estructura especular que se inspira en la idea de la vida como puro movimiento de todo lo animado, tanto animal como humano, pero que también aborda los periplos míticos de los héroes épicos (Gilgamesh, Ulises, Hércules o Rostam) y de las almas. Se trata de sesenta y cuatro composiciones organizadas en cuatro series de dieciséis poemas cada una: *alas, alimento, aliento* y *alma*.

Como en sus anteriores libros, a través de una estructura muy definida la autora explora varias isotopías semánticas con la intención de crear una red de significados amplia, esta vez en torno al sentido –social, natural, espiritual– de las migraciones. El vuelo, la aventura de aprender, la energía, la luz, las rutas, el ímpetu del movimiento hacia las condiciones favorables, el alimento, la lucha por la subsistencia, los nidos, la vida en tránsito, la amenaza del cambio climático, las dificultades gregarias, la vecindad, el regreso, la capacidad de enseñar, la percepción de los campos magnéticos de la tierra, la corrección de las desviaciones o el relativismo de distancia y tiempo son algunos de los temas tratados, junto a otros que vienen repitiéndose desde sus anteriores poemarios, como el Árbol de la Vida o el poder creador de los sueños, en una concepción de la escritura como una actividad de gran riqueza lúdica.

NOTA BIOBIBLIOGRÁFICA

Susana Diez de la Cortina Montemayor (Huesca, 1966) es doctora en filología y profesora de literatura en la Universidad de Córdoba. Combina la actividad docente con la investigadora y literaria; fue fundadora de *AulaDiez español online* en 2002 y de la *Tertulia Cultural María Moliner* de la Casa de Aragón en Madrid, que coordina desde 2017. Colaboradora habitual en diferentes medios, ha escrito numerosos artículos académicos y de opinión, libros de gramática y manuales de español para extranjeros. Como escritora de poesía, ha colaborado en diversas obras colectivas y es autora de los libros *Poesie* (B&V Edizioni, Turín, 1983), *El Castillo* (Manuscritos, Madrid, 2016), *La voz desnuda* (Manuscritos, Madrid, 2016)*, La Senda Impar* (Manuscritos, Madrid, 2018)*, Mutaciones* (Manuscritos, Madrid, 2019) *y El olivar azul* (Manuscritos, Madrid, 2020). Como ensayista, ha publicado el libro *La mujer y los sueños en el romancero* (Mira Editores, Zaragoza, 2021).

En esta edición se empleó papel *Athenea* verjurado ahuesado de 120 gr/m^2 y cartulina *Rives Tradition,* color marfil claro, de 170 gr/m^2. Se han utilizado los tipos *Felix Titling* en el cuerpo 50 y *Garamond* en los cuerpos 7, 8, 9, 10, 11, 12 y 14. Color pantone 7500 U y 513 U

ÍNDICE

Migraciones

de

Susana Diez de la Cortina Montemayor

Volumen 115 de los
PAPELES DE TRASMOZ
de la Casa del Poeta
editado por
OLIFANTE. EDICIONES DE POESÍA

Se imprimió en
los Talleres Editoriales Cometa, de Zaragoza,
cuidando el proceso técnico Albertina Lisbona,
y fue encuadernado por
Encuadernaciones Raga, S.A.
El libro quedó terminado
el día 21 de marzo de 2024

LIBROS PUBLICADOS EN ESTA COLECCIÓN

ÁNGEL GUINDA
El Mundo del Poeta. El Poeta en el Mundo

JOSÉ LUIS DE LA VEGA y
BÁRBARA ALLENDE GIL DE BIEDMA
(OUKA LEELE)
I Premio Internacional Poesía de Miedo, 2006

ANTONIO MACHADO
Cancionero de Amor y de Muerte

MIGUEL ÁNGEL CURIEL y
ÁNGEL GRACIA
II Premio Internacional Poesía de Miedo, 2007

VICENTE PASCUAL
a la Vida, a la Muerte y a mi Bienamada

ALFREDO SALDAÑA
Hay alguien ahí

GUSTAVO ADOLFO BÉCQUER
Carta tercera. Desde mi celda

VARIOS AUTORES
Gustavo Adolfo Bécquer: Un paseo por su época. Cuestionario

ZHIVKA BALTADZHIEVA, GERMAIN DROOGENBROODT,
ANA MUÑOZ, AGUSTÍN PORRAS y MANUEL VILAS
VII Festival Internacional de Poesía Moncayo

LUIGI MARÁEZ y
ARANTZA SEMPRÚN
III Premio Internacional Poesía de Miedo, 2008

RICARDO FERNÁNDEZ MOYANO
Poetas suicidas: sensibilidad o supervivencia

BRENDA ASCOZ, CASIMIRO DE BRITO, GONZALO ESCARPA,
CESC FORTUNY I FABRÉ,
DOLAN MOR y MARIAN RAMÉNTOL
VIII Festival Internacional de Poesía Moncayo

MANUEL MARTÍNEZ FOREGA
Memoria y recuerdo en el poema Espacio de Juan Ramón Jiménez

AGUSTÍN PORRAS
La mosca becqueriana

ÁNGEL GUINDA
Poemas para los demás

MANUEL M. FOREGA,
JOSÉ JAVIER ALFARO CALVO,
MIGUEL ÁNGEL MARÍN URIOL,
DOLAN MOR y MARIAN RAMÉNTOL
IV Premio Internacional Poesía de Miedo, 2009

ANTÓN CASTRO
Vivir del aire

JOSÉ ANTONIO LABORDETA
Hundiendo en las palabras las huellas de los labios. Poesía y canción
Edición de Mario Ruiz Arganda

MOHSEN EMADI, DAVID MAYOR,
EMILIO PEDRO GÓMEZ y
JOSÉ LUIS MARTÍNEZ MALLADA
V Premio Internacional Poesía de Miedo, 2010

ÁNGEL GUINDA
Espectral